BEI GRIN MACHT SICH IHR WISSEN BEZAHLT

- Wir veröffentlichen Ihre Hausarbeit, Bachelor- und Masterarbeit

- Ihr eigenes eBook und Buch - weltweit in allen wichtigen Shops

- Verdienen Sie an jedem Verkauf

Jetzt bei www.GRIN.com hochladen und kostenlos publizieren

Kommunikation und Massenmobilisierung während der Novemberrevolution

Einfluss und Bedeutung von Flugblättern und ausgewählten Zeitungen

Emma Fuchs

Bibliografische Information der Deutschen Nationalbibliothek:

Die Deutsche Nationalbibliothek verzeichnet diese Publikation in der Deutschen Nationalbibliografie; detaillierte bibliografische Daten sind im Internet über http://dnb.d-nb.de abrufbar.

ISBN: 9783389046807
Dieses Buch ist auch als E-Book erhältlich.

© GRIN Publishing GmbH
Trappentreustraße 1
80339 München

Alle Rechte vorbehalten

Druck und Bindung: Books on Demand GmbH, Norderstedt Germany
Gedruckt auf säurefreiem Papier aus verantwortungsvollen Quellen

Das vorliegende Werk wurde sorgfältig erarbeitet. Dennoch übernehmen Autoren und Verlag für die Richtigkeit von Angaben, Hinweisen, Links und Ratschlägen sowie eventuelle Druckfehler keine Haftung.

Das Buch bei GRIN: https://www.grin.com/document/1490273

Kommunikation und Massenmobilisierung während der Novemberrevolution –

Der Einfluss und die Bedeutung von Flugblättern und ausgewählten Zeitungen als Kommunikationsmittel für den Verlauf der Novemberrevolution und insbesondere für die Republikausrufung in Berlin

Gliederung:

1. Einleitung 1
2. Zwischen Informationsvermittlung und politischer Meinungsbildung .. 3
2.1. Landschaft verschiedener Flugblätter und ihr ideologischer Einfluss und Meinungsbildung 3
2.2. Flugblätter als Medium der Berichterstattung 4
2.3. Linkssozialistische Schriften und „Vorwärts" im Vergleich 5
3. Flugblatt-Beiträge in der Novemberrevolution 6
3.1. Mediale Begleitung der Novemberrevolution 6
3.2. Beiträge am 9. November 1918 8
4. Fazit 10
5. Quellen- und Literaturverzeichnis 11

1. Einleitung

„Es lebe die soziale Republik!"[1]; so und so ähnlich kann man sich die letzten Zeilen der meisten Flugblätter vorstellen, die am 9. November 1918 und die Monate danach auf den Straßen Berlins und in anderen Teilen des Landes verteilt wurden. Der Sturz der Monarchie, die Herbeiführung einer demokratischen Republik; das war das Resultat massenhafter Bewegungen, die von breiten Bevölkerungsschichten getragen wurden.

Doch wie bekommt man in einer Zeit, in der es noch nicht einmal Radio Sendungen gibt[2], genügend Menschen auf die Straße, um wahrhaftige systematische politische Veränderungen herbeizuführen? Wie ist es zu schaffen, eben jene Menschenmassen auf den Straßen dazu zu bringen, für ein gemeinsames Ziel zu kämpfen?

Wie es den sozialistischen Kräften im November 1918 gelang, erst am 9. November 1918 das Ende der Monarchie herbeizuführen[3] und die Ausrufung der Republik zu ermöglichen, sich bei den Weihnachtsunruhen um Heiligabend desselben Jahres herum gegeneinander zu mobilisieren[4] oder einen Aufstand wie den Spartakusaufstand im Januar 1919[5] zu organisieren, das soll in dieser Arbeit mithilfe von Quellen verdeutlicht werden.

Klar waren die Kommunikationswege der Mehrheitssozialist*innen, Spartakist*innen, revolutionären Obleute anders als heute. Neben politischer Propaganda in den in der Regel sehr parteinahen Zeitungen dieser Zeit[6] finden sich zahlreiche Flugblätter verschiedener politischer Richtungen und Gruppierungen, die auf den Straßen und in den Betrieben verteilt wurden, um die richtige Zielgruppe für die eigene Position zu überzeugen[7].

Der Historiker Michael Wildt bezeichnet die Revolution in einer Kapitelüberschrift seines Werks *Zerborstene Zeit* nicht umsonst als „[e]ine mehrdeutige Revolution"[8]. Im Folgenden wird diese Mehrdeutigkeit auch aufgegriffen in dem Vergleich der Mehrheitssozialistischen

---

[1] *Vorwärts*: erste Extraausgabe vom 9.11.1918
[2] Die erste reguläre Radiosendung in Deutschland wurde erst am 29.10.1923 ausgestrahlt. Vgl. Führer, Karl Christian: *Auf dem Weg zur „Massenkultur"? Kino und Rundfunk in der Weimarer Republik*. In: *Historische Zeitschrift*, Bd. 262. Oldenburg Wissenschaftsverlag, Jun. 1996. S. 739 – 781. Hier S. 766:
[3] Vgl. Ullrich, Volker: *Die Revolution von 1918/19*. Verlag C.H. Beck, München 2009. Hier S. 119
[4] Vgl. Ullrich 2009, S. 119.
[5] Vgl. Ullrich 2009, S. 120.
[6] Vgl. Daniel, Ute: *Politische Sprache und Medien*. In: Andreas Wirsching, Berthold Kohler, Ulrich Wilhelm (Hrsg.): *Weimarer Verhältnisse? Historische Lektionen für unsere Demokratie*. Reclam, Stuttgart 2018. S. 51 – 63. Hier S. 56
[7] So verteilte Claire Casper, Mitglied der revolutionären Obleute, am 9. November ganz gezielt Flugblätter vor einer Waffen- und Munitionsfabrik, um die Arbeitenden zu überzeugen, den Revolutionären Waffen auszuhändigen und sie als Teil der Arbeiter*innenschaft auf die Straße zu bewegen. Vgl. Wildt, Michael: *Zerborstene Zeit. Deutsche Geschichte 1918 – 1945*. Verlag C.H.Beck, 2. Aufl. München 2022. Hier S. 54.
[8] Wildt 2022, S. 67.

Medien und den Flugblättern und Aufrufen der Unabhängigen und anderer linkssozialistischer Gruppen wie einiger weniger anderer Kräfte. Anhand einzelner Flugschriften und dem Mehrheitssozialdemokratischen *Vorwärts* lassen sich die Narrative der verschiedenen Gruppen über die Vorgänge der Revolution sehr gut erkennen.

Diese Arbeit soll nah an den Primärquellen arbeiten und Beispiele dafür geben, wie die Kommunikation funktioniert und was sie möchte. Eine sehr wichtige Quelle ist dabei das Zentralorgan der Sozialdemokratischen Partei, beziehungsweise der Mehrheitssozialist*innen von der MSPD, der *Vorwärts*. Das von 1876 bis 1933 täglich erschienene Blatt[9] informierte seine Leser*innen so gut wie möglich über das aktuelle Geschehen, auch während des Krieges. Während der Novemberrevolution erschienen Extraausgaben in Form von Flugblättern; diese sind für diese Arbeit besonders interessant.

Der Fokus liegt den Geschehnissen des 9. November 1918, einerseits, weil dieser Tag eine so bedeutende Rolle für die Revolution spielt und eben auch der herausstehende Tag ist, an dem so viele Flugblätter kursierten, dass die neuesten Nachrichten alle paar Stunden zu Papier gebracht und verteilt wurden. Die Vielzahl an fast stündlich aufkommenden neuen Errungenschaften der Revolution wären wohl sogar heute, im digitalen Zeitalter, nicht so einfach mit Aktualität zu verbreiten. Wie Ernst-Wolfgang Böckenförde in einem Artikel richtig schreibt, ist der Untergang der Monarchie am 9. November das „Schlußglied einer Entwicklung"[10], weswegen es auf jeden Fall trotz der Fokussierung auf den 9. November auch die Tage zuvor ein wenig zu betrachten bedarf. Eben jenes gilt gleichermaßen für die Tage und Wochen nach der Revolution, denn auch nach dem 9. November ereigneten sich viele wichtige Dinge, die medial von Flugblättern begleitet werden.

Daraus ergibt sich die Frage, wie und wie sehr Flugblätter und wichtige flugschriftartige Zeitungen der Kommunikation und Massenmobilisierung besonders bei der Republikausrufung am 9. November in Berlin gedient haben.

---

[9] Vgl.: „Vorwärts": Elektronischer Lesesaal der Bibliothek der Friedrich Ebert Stiftung.
[10] Böckenförde, Ernst-Wolfgang: *Der Zusammenbruch der Monarchie und die Entstehung der Weimarer Republik.* In: Karl Dietrich bracher, Manfred Funke, Hans-Adolf Jacobsen (Hrsg.): *Die Weimarer Republik 1918 – 1933.* Schriftenreihe Band 251, Bundeszentrale für politische Bildung, 2. Aufl. Bonn 1988. S. 17 – 43. Hier S. 17.

2. Zwischen Informationsvermittlung und politischer Meinungsbildung

Wie in der Einleitung bereits angeschnitten, lassen sich bei den Flugblättern zwei wichtige Funktionen erkennen: einmal das Verbreiten von Nachrichten über wichtige Ereignisse und politische Propaganda. Beide Aspekte gehen, wie sich erkennen lässt, ineinander über. Die Berichterstattung enthält nicht selten eine offene Bewertung der Nachrichten.

2.1. Landschaft verschiedener Flugblätter und ihr ideologischer Einfluss und Meinungsbildung

Schriftliche Verbreitungsmedien zum Zwecke offener politischer Propaganda waren keineswegs schlecht angesehen, die Lesenden wollten Zeitungen, die ihre Meinung und ihr Weltbild widerspiegeln[11]. Die Zeitung war dazu sehr verbreitet, sie gehörte zum alltäglichen Leben dazu[12] und allgemein war die Presse sehr mächtig, da sie „bewußtseins- und verhaltensprägend [sic]"[13] wirkte. Klar war die Zeitung etwas anderes als ein Flugblatt, aber es verdeutlicht, dass die Menschen sich nach dem richten, was sie auf Papier lasen.

Zudem führten im Ersten Weltkrieg und an seinem Ende mehrere Faktoren zu einer angespannteren politischen Stimmung. Der Krieg an sich führte zu einer allgemeinen Politisierung der Bevölkerung[14], die ohnehin schon politischen Arbeiter*innen radikalisierten sich zunehmend[15]. Für den Untersuchungsgegenstand dieser Arbeit ist auch die befeuerte revolutionäre Stimmung durch die Russische Revolution interessant[16]. Hans-Helmuth Knütter spricht von einem „revolutionäre[n] Optimismus"[17], der seit 1916 bis in das 1919 hinein herrsche. Dass die Bevölkerung zunehmend politisiert wurde zeigt sich auch in ihren Taten; am 28. Oktober 1918 beginnt die deutsche Hochseeflotte in Wilhelmshaven, Befehle zu verweigern[18].

---

[11] Vgl. Daniel 2018, S. 56.
[12] Vgl. Nipperdey, Thomas: *Deutsche Geschichte 1866 – 1918. Band I Arbeitswelt und Bürgergeist.* Verlag C.H. Beck, Broschierte Sonderausgabe München 1998. Hier S. 797.
[13] Vgl. Nipperdey Band I 1998, S. 797.
[14] Vgl. Knütter, Hans-Helmuth: *Die Weimarer Republik in der Klammer von Links- und Rechtsextremismus.* In: Karl Dietrich bracher, Manfred Funke, Hans-Adolf Jacobsen (Hrsg.): *Die Weimarer Republik 1918 – 1933.* Schriftenreihe Band 251, Bundeszentrale für politische Bildung, 2. Aufl. Bonn 1988. S. 387 – 406. Hier S. 394.
[15] Vgl. Knütter 1988, S. 394.
[16] Vgl. Knütter 1988, S. 394.
[17] Knütter 1988, S. 395.
[18] Vgl. Ullrich 2009, S. 119.

Die Voraussetzungen für Einflussnahme waren also gut, wenn man es schaffte, die richtige Zielgruppe zu erreichen. Wie man an den Ansprachen auf Titelblättern und Flugblättern erkennt, ist das zunächst oft die gesamte (deutsche) Bevölkerung[19], bei sozialistischen Gruppen jeder Art auch die Arbeiter*innen, „Kameraden! Proletarier […]"[20].
Während des Krieges wurden auch stattliche und militärische Propaganda extremer[21].

2.2. Flugblätter als Medium der Berichterstattung

Neben der Einflussnahme auf politische Gesinnung und Meinung zu bestimmten Themen und Ereignissen, informierten Flugblätter zunächst oft über jene Ereignisse in der Revolution. Gerade bei Flugblättern war diese Berichterstattung aber auch eine Lenkung hinzu einer politischen Meinung. Diese Form der Berichterstattung mittels Flugblättern war allgemein weniger gebräuchlich als am 9. November 1918, wo sich die Ereignisse überschlugen und für ein funktionierendes Vorgehen weitergeleitet werden müssen. Normalerweise druckte der sozialdemokratische *Vorwärts* eine ausführliche Ausgabe am Tag, in der verschiedene Nachrichten und Artikel stehen[22] zusätzlich zu Werbung von Kleidungsherstellern und Co.[23]. Am 9. November 1918 sah das zwar anders aus, denn der *Vorwärts* druckte mehrere „Extraausgaben", wovon manche auch primär der bloßen Information dienten, wie die dritte Extraausgabe der Tages, die mitteilte: „Kaiser und Kronprinz haben abgedankt!"[24].
Diese Ausgaben sind freilich kein Regelfall, weiter haben Flugblätter in der Regel einen Aufruf zum Inhalt, so auch ein Flugblatt des Spartakusbundes vom 8. Dezember 1918, es richtet sich an „Arbeiter! Soldaten! Genossen!" und fordert: „Auf zum Massenprotest am Sonntag um 2 Uhr im Treptower Park.", denn laut ihnen sei „Die Revolution […] in höchster Gefahr! Blut ist geflossen vergossen von gegenrevolutionären Schurken, die betörte Soldaten mißbrauchen [sic]."[25]. An diesem Beispiel wird auch wieder die meinungsbildende Funktion der Flugblätter deutlich, die bei diesem Beispiel die „gegenrevolutionären Schurken", also die nicht-linkssozialistischen Gruppen, insbesondere die MSPD, zum Feind erklären.

---

[19] Siehe z.B. Die Deutsche Revolution 1918 – 1919. Dokumente. Hrsg. von Gerhard A. Ritter und Susanne Miller. Fischer Taschenbuch, 2. erheblich erweiterte und überarbeitete Ausgabe, Frankfurt am Main 1983. II. 19.: Flugblatt mit Aufruf Eberts an deutschen Bürger: „Mitbürger! […]" S. 80.
[20] Bundesarchiv: SGY 2/96: Novemberrevolution 1918 – 1919: aus dem Institut für Marxismus-Leninismus beim Zentralkomitee der Sozialistischen Einheitspartei, Dokument, 7.
[21] Vgl. Daniel, S. 56 f.
[22] Siehe z.B. Vorwärts Nr. 308 vom 8.11.1918, S. 5: Nachricht über die Vergabe des literarischen Kleistpreises.
[23] Siehe z.B. *Vorwärts* Nr. 307 vom 7.11.1918, S. 4: große Reklame des Kleiderhandels *C&A*.
[24] *Vorwärts*, 2. Extraausgabe am 9.11.1918.
[25] Bundesarchiv: SGY 2/96: Novemberrevolution 1918 – 1919: aus dem Institut für Marxismus-Leninismus beim Zentralkomitee der Sozialistischen Einheitspartei, Dokument 3.

Am 9. November 1918 allerdings haben Flugblätter, insbesondere die herausstechenden Extraausgaben des *Vorwärts*, eine tragende Rolle bei der Informationsweitergabe auch von Nachrichten, wie im Folgenden noch deutlicher gezeigt werden wird.

2.3. Linkssozialistische Schriften und „Vorwärts" im Vergleich

Linkssozialistische Schriften zunächst der Unabhängigen Sozialdemokratischen Partei (USPD), dann des Spartakusbundes/ Gruppe Internationale mit denjenigen der MSPD zu vergleichen bietet sich für diese Arbeit an. Wie schon aus den Quellenbeständen des Bundesarchivs hervorgeht sind linke Flugblätter definitiv in der Überzahl, auch der viel zitierte Quellenband zur Revolution von 1918 – 1919 von Gerhard A. Ritter und Susanne Miller beinhaltet hauptsächlich Flugblätter und Aufrufe linker Gruppen[26].

Die Breite der Landschaft an linken Gruppen, die Flugblätter veröffentlichten, die es bis heute in Archive geschafft haben, ist recht überschaubar. Natürlich haben wir zahlreiche Publikationen der MSPD, die zuverlässig Aufschluss geben über die sozialdemokratische Einschätzung des Tagesgeschehens. Weiter gibt es die Veröffentlichungen der USPD, später der Spartakusgruppe und welche mit der Unterzeichnung des Arbeiter- und Soldatenrates von Berlin, welcher eine illegale organisierte Zusammenkunft von Arbeitern, Vertretenden von sozialistischen Gruppen und Parteien war[27].

Die Verfeindung beider Seiten wird in den Schriften sehr deutlich. Nach der Abspaltung der USPD, die eine Räterepublik forderte, von der hinterbliebenen MSPD, die vor dem 9. November die bestehende Ordnung und Monarchie noch unterstützte, prangerten sich die ehemaligen Parteigenoss*innen in aller Öffentlichkeit an, wie auch in dem vorangegangenen Beispiel deutlich wird.

---

[26] Vgl. Ritter & Miller 1983.
[27] Vgl. Niess, Wolfgang: *Der 9. November. Die Deutschen und ihr Schicksalstag*. Verlag C.H. Beck, München 2021. S. 12 – 45. Hier S. 13.

3. Flugblatt-Beiträge in der Novemberrevolution

Im vorangegangenen Kapitel wurden schon einige relevante Inhalte der Flugblätter um den 9. November 1918 herum vorweggenommen, diese sollen in diesem Kapitel allerdings noch gezielter beleuchtet und in ihren Kontext gesetzt werden. Spannend ist zunächst die Betrachtung der vorhandenen Schriften entlang der Ereignisse der Novemberrevolution. Die gute Quellenauswahl erlaubt es, die bekannten Ereignisse der Revolution und insbesondere des Tagesablaufs am 9. November sehr detailliert mit Quellen zu ergänzen und so deuten zu können, dennoch ist an manchen Stellen Vorsicht geboten, zumal auf die Flugblätter auch Gerüchte gedruckt wurden und es, wie Ute Daniel meint, ein „Meer an Fake News"[28] gegeben habe.

3.1. Mediale Begleitung der Novemberrevolution

Schon bevor die Revolution in Berlin startete, war die Stimmung in der Stadt angespannt, nicht zuletzt, weil Nachrichten über die Revolution in Kiel in der Stadt ankamen[29]. Der überraschende Revolutionsbeginn bei den Matrosen in Kiel[30] am 3. und 4. November[31] verbreitete sich am 5. Und 6. November zunächst auf andere Häfen aus[32]. An diesen Tagen fanden Massendemonstrationen statt und es wurden Arbeiter- und Soldatenräte in Bremen gewählt[33]. Thomas Nipperdey spricht von Kiel als einem Ausgangspunkt der Revolution und führt an, dass bereits 1917 Meutereien in Wilhelmshaven stattgefunden hätten, wobei die „Rädelsführer" USPD-nah gewesen seien[34]. Bei den damals spontan entfachten Aktionen kam es zu Todesurteilen, was zunächst abschreckend gewirkt habe, gleichzeitig habe linkssozialistische und spartakistische Propaganda zugenommen, die Aufstände im November 1918 seien aber ausgelöst worden durch den Befehl, die Matrosen sollen in eine Schlacht ziehen, die sie niemals hätten gewinnen können[35]. Die Vorgesetzten konnten ein Auslaufen der Schiffe nicht mehr durchsetzen; auf den Schiffen gingen Flugblätter umher, die dazu aufriefen,

---

[28] Daniel 2018, S. 62.
[29] Vgl. Niess, S. 12.
[30] Vgl. Hürten, Heinz: *Bürgerkriege in der Republik. Die Kämpfe um die innere Ordnung von Weimar 1918 – 1920*. In: Karl Dietrich bracher, Manfred Funke, Hans-Adolf Jacobsen (Hrsg.): *Die Weimarer Republik 1918 – 1933*. Schriftenreihe Band 251, Bundeszentrale für politische Bildung, 2. Aufl. Bonn 1988. S. 81 – 94. Hier S. 81.
[31] Vgl. Ullrich 2009, S. 119.
[32] Vgl. Nipperdey, Thomas: *Deutsche Geschichte 1866 – 1918. Band II Machtstaat vor der Demokratie*. Verlag C.H. Beck, Broschierte Sonderausgabe 1998. Hier S. 872.
[33] Vgl. Wildt 2022, S. 50.
[34] Vgl. Nipperdey Band II. 1998, S. 871.
[35] Vgl. Nipperdey Band II. 1998, S. 871.

die Arbeit auf den Schiffen der Flotte zu stoppen, um den Krieg zu beenden[36]. Darüber berichtete am 8. November auch der Vorwärts; in Hamburg, Bremen und Kiel sei es zu revolutionären Aufständen gekommen, allerdings war die Nachrichtenlage schwierig und man konnte sich darüber nicht ganz sicher sein[37]. In Hamburg arbeiteten die streikenden Arbeiter*innen, lokale Obleute v.a. aus der USPD und Gewerkschaften zusammen[38].
Thomas Nipperdey bezeichnet München nach Kiel als zweites Zentrum der Revolution[39], hier wurde am 7. November die Monarchie abgesetzt[40].

Über all diese Aufstände berichtet ein undatiertes Flugblatt der Spartakusgruppe, es richtet sich an die „Arbeiter und Soldaten" und ruft sie auf, es den Städten Kiel, Hamburg, Bremen, München und anderen gleich zu tun: „Hoch die sozialistische Republik! Es lebe die Internationale"[41].

Während in vielen Städten nun Arbeiter- und Soldatenräte gebildet wurden, rief der Parteivorstand der MSPD im *Vorwärts* am 4. November dazu auf, nicht zu streiken, „[d]urch unterschriftlose Flugblätter und durch Agitation von Mund zu Mund" seien Arbeiter*innen dazu aufgefordert worden, aber der Parteivorstand warnte die Lesenden „[…]dringend, dieser Aufforderung nicht zu folgen"[42].

Nun lohnt sich ein Zeitsprung ein paar Wochen weiter, nach dem 9. November stehen sich die MSPD und die Unabhängigen wieder verfeindet gegenüber. Nach den Ausschreitungen am 6. Dezember 1918 schreibt Hermann Müller in einem Text Im *Vorwärts* vom 8. Dezember, der Tag gehöre „zu den blutigen Tagen der deutschen Revolution". In derselben Ausgabe steht auf der ersten Seite „Waffen heraus! Hoch die Sozialdemokratie!", im Gegensatz zur *Freiheit*, dem Blatt der Unabhängigen, will der *Vorwärts* den Spartakusbund nicht „viel zu sanft" behandeln, der *Vorwärts* führe einen „Kampf gegen Spartakus", es wird die Zusammenarbeit mit denjenigen, „die den Boden des sozialdemokratischen Programms verlassen haben" abgelehnt[43].

Auf der anderen Seite wirft der Spartakusbund der MSPD vor, eine „Gegenrevolution" zu führen, so verkündet der Spartakusbund im November 1918 in einem Flugblatt: „Besinne Dich,

---

[36] Vgl. Wildt 2022, S: 48.
[37] Vgl. Niess 2021, S. 12.
[38] Vgl. Nipperdey Band II. 1998, S. 872.
[39] Vgl. Nipperdey Band II. 1998, S. 872.
[40] Vgl. Wildt 2022, S. 51.
[41] Bundesarchiv SGY 2/96: Novemberrevolution 1918 – 1919: aus dem Institut für Marxismus-Leninismus beim Zentralkomitee der Sozialistischen Einheitspartei, Dokument 1a.
[42] *Vorwärts* Nr. 304 vom 04.11.1918.
[43] Siehe *Vorwärts* Nr. 337 vom 08.12.1918.

Proletarier. Hoch die proletarische Revolution.", die MSPD sei „verwandt und verschwägert" mit der „Kapitalistenbande"[44].

Es gibt ein ständiges Hin- und Her. Ein weiteres Flugblatt der MSPD meint „Spartakus erklärt dem deutschen Volk den Krieg" und „Spartakus ist der Todfeind des Proletariats"[45]. Im Januar 1919 ruft die USPD erneut auf zum Generalstreik und auch um Waffengebrauch, an die Lesenden wird gerichtet: „Der Generalstreik aller Betriebe muß [sic] eure erste Antwort sein!" und „Gebraucht die Waffen gegen eure Todfeinde, die Ebert-Scheidemann!"[46]. Diese vielen Parolen gegeneinander spiegeln den Kampf wider, der zwischen der Regierung, der die USPD nicht mehr angehörte, und linkssozialistischen revolutionären Gruppen nach dem 9. November herrschte[47].

Es wurden also zu jedem Zeitpunkt Flugblätter und Zeitungen für die Massen ausgegeben, die ideologisch und parteilich gebunden waren und aus ihrer Perspektive die Lage einschätzten.

3.2. Beiträge am 9. November 1918

Als die Revolution aus Kiel Berlin am 9. November 1918 erreicht[48] wissen viele Gruppen auf die teilweise stündlich geschehenden bedeutenden Ereignisse des Tages mit Flugblättern zu antworten.

Thomas Nipperdey sieht Berlin als drittes Zentrum der Novemberrevolution an, wo eine linkssozialistisch-bolschewistische Revolution angestrebt worden sei[49]. Besonders sei diese Idee nach der Entlassung von Karl Liebknecht aus einer Haftstrafe am 21. Oktober 1918 propagiert worden[50]. Militär und Polizei rechneten bereits mit revolutionären Aufständen und bereiteten sich vor[51]. Während die Unabhängigen um Karl Liebknecht und Rosa Luxemburg die Revolution befürworteten und Aktionen planten[52], forderten die

---

[44] Bundesarchiv SGY 2/96: Novemberrevolution 1918 – 1919: aus dem Institut für Marxismus-Leninismus beim Zentralkomitee der Sozialistischen Einheitspartei, Dokument 7.
[45] Bundesarchiv SGY 2/85: Novemberrevolution 1918/1919, Dokument 9.
[46] Die Deutsche Revolution 1918 – 1919. VIII. 10., S. 190.
[47] Vgl. Ritter, Miller 1983, S: 172.
[48] Vgl. Deutsche Geschichte in Quellen und Darstellungen. Band 9: Weimarer Republik und Drittes Reich 1918 – 1945. Hrsg. von Heinz Hürten. Reclam, Stuttgart 1995. S. 37.
[49] Vgl. Nipperdey Band II. 1998, S. 873.
[50] Vgl. Nipperdey Band II. 1998, S. 873.
[51] Vgl. Wildt 2022, S. 52.
[52] Aus Aufzeichnungen von Liebknecht geht hervor, dass revolutionäre Aktionen schon vor dem 8. November geplant wurden, da sie erst am 8. Für den 9. November festgelegt wurden. Vgl. Die Deutsche Revolution 1918 – 1919. 1983. II.11: Aufzeichnungen Karl Liebknechts über die Vorbereitung des 9. November 1918 [Auszug]: S. 64 – 67

Mehrheitssozialdemokrat*innen im Vorwärts, Ruhe zu bewahren, und das bis zum 8. November[53].

Auch im Spartakusbund wurde ein Aufruf in Form eines Flugblatts zunächst verworfen in Vorbereitung auf den 9. November [54], am 9. November erschienen dann aber doch zwei Flugblätter am Morgen, eines unterzeichnet von Karl Liebknecht und Ernst Meyer, das zweite von Barth, Ledebour, Liebknecht, Müller, Pieck und weiteren[55].

Die Sozialdemokratie verfolgte nicht das Ziel, Aufstände herbeizurufen, hat sich dann aber den unaufhaltsamen Bewegungen angeschlossen und erhielt Verantwortung[56]. Am 9. November begann ab ca. 8h morgens der Generalstreik in den Betrieben[57], um 9h kommt der MSPD Partei- und Fraktionsvorstand mit Vertrauensleuten aus den Betrieben der Stadt zusammen, wobei nach wenigen Minuten beschlossen wurde, sich den Streikenden anzuschließen und sie zu unterstützen[58]. Darauf folgte direkt die erste Extraausgabe des *Vorwärts* an diesem Tag. Das einzelne Blatt verkündete: „Der Arbeiter- und Soldatenrat von Berlin hat den Generalstreik beschlossen. Alle Betriebe stehen still" und: „Die Bewegung wird gemeinschaftlich geleitet von der Sozialdemokratischen Partei Deutschlands und der Unabhängigen sozialdemokratischen Partei Deutschlands"[59].

Die MSPD tat auch noch mehr für den Erfolg des Streiks. Soldaten des 4. Jäger Bataillons aus Naumburg (Naumburger Jäger) wurden kurz vorher nach Berlin verlegt, sie verweigerten Befehle, ihre Vertrauensleute gingen zur SPD, denn sie wollten informiert werden über die aktuelle Lage, was zeigt, wie schwierig die Informationslage war. Wels hielt dann eine Rede in der Kaserne und die Naumburger Jäger schlossen sich Arbeiter*innen auf den Straßen an[60]. Diese Form der Kommunikation verlief außerhalb des Schriftlichen, stattdessen wurden mündlich Informationen weitergegeben von Vertrauenslauten, sogenannten Obleuten, und z.B. der MSPD Führung. Sie propagierten in ihren Betrieben ihre politische Überzeugung, so auch den Revolutionsgedanken[61].

In der dritten Extraausgabe des Tages wird die Abdankung des Kaisers und die Ernennung Eberts zum Reichskanzler verkündet[62] und somit unmittelbar nach dem Ereignis. Doch schon am darauffolgenden Tag schreibt die Spartakusgruppe in einem Aufruf: „Es gibt keine

---

[53] Vgl. Wildt 2022, S. 52.
[54] Vgl. Die Deutsche Revolution 1918 – 1919. II. 11, S. 66 f.
[55] Vgl. Die Deutsche Revolution 1918 – 1918. II. 11, S. 67.
[56] Vgl. Hürten 1988, S. 81.
[57] Vgl. Niess 2021, S. 15.
[58] Vgl. Niess 2021, S. 16.
[59] *Vorwärts*, Erste Extraausgabe vom 9.11.1918.
[60] Vgl. Wildt 2022, S. 53 f.
[61] Vgl. Niess, 2021, S. 20.
[62] Vgl. *Vorwärts*, Dritte Extraausgabe vom 9.11.1918.

Gemeinschaft mit denen, die euch vier Jahre lang verraten haben."[63]. Das kann man nun schon als Vorwarnung lesen für die kommenden Konflikte beider Gruppierungen.

4. Fazit

Die Untersuchung der verwendeten Quellen mit den Informationen aus der Sekundärliteratur hat gezeigt, wie eng die Politik der politischen Gruppen, die in der Novemberrevolution präsent und entscheidend waren, mit ihrer Kommunikation nach außen zusammenhängt. Die Mobilisierung der Menschenmassen aus den Betrieben wurde gezielt durch die Verbreitung von Flugschriften erreicht. Gleichermaßen trugen sie eine entscheidende Rolle bei der Meinungsbildung, weil sie alle erreichten.

Dabei zeichnet sich auch ab, welche hauptsächlichen politischen Meinungen es in dieser Revolution unter denjenigen gab, die sie machten.

Die direkte Ansprache der jeweiligen Gruppen an die Arbeiter*innen und das Auffangen ihrer Emotionen in einer politisierten Gesellschaft bieten günstige Voraussetzungen, die Massen abzufangen.

Neben den Flugblättern und Zeitungen war in der fokussiert untersuchten Zeit der Novemberrevolution die Mund-zu-Mund Propaganda ein Mittel, Informationen weiterzuleiten und die Arbeiter*innen zu erreichen, und das ganz gezielt durch die Vertrauenspersonen in den Betrieben.

Die Verteilung von Flugblättern bot die Möglichkeit, gezielt die richtigen Leute in Massen zu erreichen. Die Betrachtung der herangeführten Quellen zeigt besonders anhand der Quellen vom 9. November 1918, wie aktuell Flugblätter berichten konnten.

Insgesamt lässt sich festhalten, dass die Betrachtung der Flugblätter, die während der Novemberrevolution in Umlauf kamen, ein gutes Bild von der Revolution und ihren Abläufen wie grundlegenden Meinungsverschiedenheiten gibt, womit auch die breite Bevölkerung informiert wurde, wie wir heute darüber lernen können.

---

[63] Die Deutsche Revolution 1918 – 1919. II. 23: Aufruf der Spartakusgruppe an die Arbeiter und Soldaten Berlins vom 10. November 1918: S. 82 – 84. Hier S. 84.

5. Quellen- und Literaturverzeichnis

Gedruckte Quellen:

Deutsche Geschichte in Quellen und Darstellungen. Band 9: Weimarer Republik und Drittes Reich 1918 – 1945. Hrsg. von Heinz Hürten. Reclam, Stuttgart 1995.

Die Deutsche Revolution 1918 – 1919. Dokumente. Hrsg. von Gerhard A. Ritter und Susanne Miller. Fischer Taschenbuch, 2. erheblich erweiterte und überarbeitete Ausgabe, Frankfurt am Main 1983.

Quellen:

Bundesarchiv, SGY 2/ Flugblattsammlung: URL: https://invenio.bundesarchiv.de/invenio/main.xhtml [letzter Zugriff 16.10.2023, 10:02h].

„Vorwärts": Elektronischer Lesesaal der Bibliothek der Friedrich Ebert Stiftung URL: https://fes.imageware.de/fes/web/ [letzter Zugriff 22.10.2023, 14:15h]

Literatur:

Böckenförde, Ernst-Wolfgang: *Der Zusammenbruch der Monarchie und die Entstehung der Weimarer Republik*. In: Karl Dietrich bracher, Manfred Funke, Hans-Adolf Jacobsen (Hrsg.): *Die Weimarer Republik 1918 – 1933*. Schriftenreihe Band 251, Bundeszentrale für politische Bildung, 2. Aufl. Bonn 1988. S. 17 – 43.

Daniel, Ute: *Politische Sprache und Medien*. In: Andreas Wirsching, Berthold Kohler, Ulrich Wilhelm (Hrsg.): *Weimarer Verhältnisse? Historische Lektionen für unsere Demokratie*. Reclam, Stuttgart 2018, S. 51 – 63.

Führer, Karl Christian: *Auf dem Weg zur „Massenkultur"? Kino und Rundfunk in der Weimarer Republik*. In: *Historische Zeitschrift*, Bd. 262. Oldenburg Wissenschaftsverlag, Jun. 1996. S. 739 – 781.

Hürten, Heinz: *Bürgerkriege in der Republik. Die Kämpfe um die innere Ordnung von Weimar 1918 – 1920*. In: Karl Dietrich bracher, Manfred Funke, Hans-Adolf Jacobsen

(Hrsg.): *Die Weimarer Republik 1918 – 1933*. Schriftenreihe Band 251, Bundeszentrale für politische Bildung, 2. Aufl. Bonn 1988. S. 81 – 94.

Knütter, Hans-Helmuth: *Die Weimarer Republik in der Klammer von Links- und Rechtsextremismus*. In: Karl Dietrich bracher, Manfred Funke, Hans-Adolf Jacobsen (Hrsg.): *Die Weimarer Republik 1918 – 1933*. Schriftenreihe Band 251, Bundeszentrale für politische Bildung, 2. Aufl. Bonn 1988. S. 387 – 406.

Niess, Wolfgang: *Der 9. November. Die Deutschen und ihr Schicksalstag.* Verlag C.H. Beck, München 2021. S. 12 – 45.

Nipperdey, Thomas: *Deutsche Geschichte 1866 – 1918. Band I Arbeitswelt und Bürgergeist.* Verlag C.H. Beck, Broschierte Sonderausgabe München 1998.

Nipperdey, Thomas: *Deutsche Geschichte 1866 – 1918. Band II Machtstaat vor der Demokratie.* Verlag C.H. Beck, Broschierte Sonderausgabe 1998.

Ullrich, Volker: *Die Revolution von 1918/19.* Verlag C.H. Beck, München 2009.

Wildt, Michael: *Zerborstene Zeit. Deutsche Geschichte 1918 – 1945.* Verlag C.H.Beck, 2. Aufl. München 2022.

BEI GRIN MACHT SICH IHR WISSEN BEZAHLT

- Wir veröffentlichen Ihre Hausarbeit, Bachelor- und Masterarbeit

- Ihr eigenes eBook und Buch - weltweit in allen wichtigen Shops

- Verdienen Sie an jedem Verkauf

Jetzt bei www.GRIN.com hochladen und kostenlos publizieren